BEI GRIN MACHT SICH IHR WISSEN BEZAHLT

Das ISO-OSI Schichtenmodell. Aufbau, Aufgaben und Sicherheitsmaßnahmen

Octavian Zaiat

Bibliografische Information der Deutschen Nationalbibliothek:

Die Deutsche Nationalbibliothek verzeichnet diese Publikation in der Deutschen Nationalbibliografie; detaillierte bibliografische Daten sind im Internet über http://dnb.d-nb.de abrufbar.

ISBN: 9783346376510
Dieses Buch ist auch als E-Book erhältlich.

© GRIN Publishing GmbH
Nymphenburger Straße 86
80636 München

Druck und Bindung: Books on Demand GmbH, Norderstedt Germany
Gedruckt auf säurefreiem Papier aus verantwortungsvollen Quellen

Das vorliegende Werk wurde sorgfältig erarbeitet. Dennoch übernehmen Autoren und Verlag für die Richtigkeit von Angaben, Hinweisen, Links und Ratschlägen sowie eventuelle Druckfehler keine Haftung.

Das Buch bei GRIN: https://www.grin.com/document/999991

FOM Hochschule für Oekonomie & Management

Hochschulzentrum Frankfurt am Main

Berufsbegleitender Studiengang zum

Wirtschaftsinformatiker

3. Semester

Seminararbeit

(Umfang: 4027 Wörter)

Computernetze (ISO-OSI Schichtenmodell, kabelgebundene und kabellose Netze, Mobilfunk)

Autor: Octavian Zaiat

Inhaltsverzeichnis

Abbildungsverzeichnis

Abkürzungsverzeichnis

Abkürzung	Erklärung
ACK	Acknowledge
AH	Authentication Header
DARPA	Defense Advanced Research Project Agency
DNS	Domain Name System
DSL	Digital Subscriber Line
ESP	Encapsulating Security Payload
GAN	Global Area Network
GPRS	General Packet Radio Service
GSM	Global system for mobile Communication
HTTP	Hypertext Transfer Protocol
IEEE	Institute of Electrical and Electronics Engineers
IKE	Internet Key Exchange
IP	Internet Protocol
IPsec	Internet Protocol Security
IPv4	Internet Protocol Version 4
IPv6	Internet Protocol Version 6
ISDN	Integrated Services Digital Network
ISO	International Standardisation Organisation
L2TP	Layer-2-Tunneling Protocol
LAN	Local Area Network
LTE	Long-Term-Evolution
MAC	Media-Access-Control
MAN	Metropolitan Area Network
OSI	Open Systems Interconnection
PEM	Privacy Enhanced Mail
PGP	Pretty Good Privacy
PPTP	Point-to-Point-Tunneling Protocol

S/MIME	Secure / Multipurpose Internet Mail Extensions
SMTP	Simple Mail Transfer Protocol
SSID	Service Set Identifier
SSL	Secure Sockets Layer
SYN	Synchronize
TCP	Transport Control Protocol
TLS	Transport Layer Security
UDP	User Datagram Protocol
UMTS	Universal Mobile Telecommunications
VPN	Virtual Private Network
WLAN	Wireless Local Area Network

1 Einleitung

Netzwerke sind aus unserem täglichen Leben nicht mehr wegzudenken. Alles hat im Jahre 1957 durch DARPA mit der Idee angefangen, ein Computernetzwerk zu entwickeln, um das Wissen und den Informationsaustausch zu beschleunigen. Später ist das Internet als ein gigantes Netzwerk entstanden. In allen Bereichen unseres Lebens sei es Bildung, Militär, Wirtschaft, Finanzen, Mobilität oder Kommunikation, ist das Internet gegenwärtig. In unserem Alltag bilden Netzwerke die Basis unserer Kommunikation. Diese erlauben uns an kilometerweite Entfernungen Nachrichten zu senden und zu empfangen. Um die Daten, die im Internet transportiert werden sollen, vor Diebstahl schützen zu können benötigen Unternehmen professionelle Lösungen und müssen sich immer wieder neuen Herausforderungen stellen.

Die Welt der Netzwerke ist sehr komplex. Die Netze bestehen aus vielen Protokollen, die die Datenpakete im Internet regeln und diese zum Empfänger sicher transportieren. Die Sicherheit der Netzwerke spielt in Zeiten der Digitalisierung auch eine wichtige Rolle. Ohne verlässliche sichere Netzwerke können Daten gestohlen oder sogar manipuliert werden. Deshalb ist es wichtig, dass hier geeignete Maßnahmen ergriffen und bestehende Lösungen ausgebaut werden, damit die Angreifer keine Chancen mehr bekommen, in diese Systeme zu gelangen. Als Instrument bietet sich vor allem die Verschlüsselung, die auf Basis des Protokolls SSL/TLS aufgebaut ist und die Möglichkeit der virtuellen privaten Netze (VPN).

2 Definition eines Netzwerks

Der Begriff Netzwerk bezieht sich nicht nur auf die Welt der Computer. Das Telefonnetz, das ISDN (Integrated Services Digital Network), oder der Verbund der Bankautomaten sind ebenfalls Informationsnetzwerke. Ein Netzwerk ist also eine Infrastruktur, die den Endgeräten die Kommunikation, den Datenaustausch und die Nutzung gemeinsamer Ressourcen transparent ermöglicht.[1] Ein Netzwerk besteht aus Knoten (Elementen) und Kanten (Verbindungslinien), wobei die Kanten Beziehungen zwischen den Elementen angeben.[2]

2.1 Räumliche Ausdehnung von Computernetzen

Man unterscheidet verschiedene Gruppen von Computernetzen. Ein lokales Netz, auch *(LAN)* genannt, erstreckt sich über eine Wohnung, ein Gebäude, ein Firmengelände oder einen Campus. Die maximale Ausdehnung beträgt 500 bis 1000 Meter.[3]

Ein *Metropolitan Area Network (MAN)* verbindet LANs. Wegen der geringen Dämpfung und hohen Datentransferrate werden als Übertragungsmedium Lichtwellenleiter (Glasfaserkabel) verwendet. Die maximale Ausdehnung beträgt bis 100 km und erstreckt sich über ein Ballungsgebiet oder eine Großstadt. Netze, die große geografische Bereiche innerhalb eines Landes oder eines Kontinents abdecken und MANs verbinden, heißen *Wide Area Network (WAN)*. Hier wird Ethernet mit einer Datendurchsatzrate von 10 Gbit/s verwendet. Die Ausdehnung beträgt hier bis zu 1.000 km. *Global Area Network (GAN)* erstreckt sich über unbegrenzte geografische Entfernungen und verbindet mehrere WANs. Als Übertragungsmedium bieten sich vor allem Satelliten oder Lichtwellenleiter an.[4]

2.2 Kabelgebundene Netze

Ethernet (IEEE 802.3) ist in den 1970er Jahren entwickelt worden und ist seit den 1990er Jahren die meistverwendete LAN-Technik.[5] Fast alle Ethernet-Standards arbeiten mit dem *Basisband*-Übertragungsverfahren auch als BASE bekannt. Basisbandsysteme haben keine Trägerfrequenzen. Das bedeutet, dass die Daten direkt auf das Übertragungsmedium übertragen werden. Digitale Signale werden direkt als Impulse ins Kabel oder den Lichtwellenleiter eingespeist und belegen die vollständige Bandbreite des Kabels. Der ungenutzte Teil der Bandbreite kann nicht mehr für andere Dienste genutzt werden. Basisbandsysteme verfügen somit nur über einen

---

[1] Vgl. Schreiner, R., (2019), S. 3.
[2] Vgl. Scherff, J., (2010), S. 4-5.
[3] Vgl. Baun, C., (2018), S. 18.
[4] Vgl. Baun, C., (2018), S. 18.
[5] Vgl., https://www.vodafone.de/business/featured/technologie/ethernet-was-ist-das-eigentlich/#keyfact-anchor-1, Zugriff am 27.09.2019.

2

einzigen Kanal. Bei *Breitband*-Übertragungsverfahren auch als BROAD bekannt, werden die Daten auf eine Trägerfrequenz aufmoduliert. Dadurch können mehrere Signale gleichzeitig in unterschiedlichen Frequenzbereichen übertragen werden.[6]

Token Ring (IEEE 802.5) ist eine Netzwerktechnik für LANs und gehört neben dem Ethernet auch zu den Standards der Vernetzung. Beim Token Ring sind die Endgeräte logisch zu einem Ring verbunden. Über den Ring kreist ein Token, das von einem Teilnehmer zum nächsten weitergegeben wird.[7]

2.3 Kabellose Netze

Wireless Local Area Network (WLAN) ist die bekannteste Technologie zum Aufbau von Netzwerken. WLANs sind lokale Funknetze, die meist auf Standards der Normenfamilie IEEE 802.11 basieren. Die Kommunikation zwischen Endgeräten kann im *Ad-hoc-Modus* oder im *Infrastruktur-Modus* via Basisstation (Access Point) erfolgen. Im *Ad-hoc-Modus* bilden die Geräte ein vermaschtes Netz. Für den Aufbau eines solchen Netzes müssen bei allen Endgeräten der gleiche Netzwerkname – Service Set Identifier (SSID) und die gleichen Verschlüsselungsparameter eingestellt werden. Im *Infrastruktur-Modus* müssen sich die entsprechenden Geräte mit ihren MAC-Adressen an der Basisstation anmelden. Die Basisstation sendet in einstellbaren Intervallen kleine Leuchtfeuer-Rahmen (Beacons) an alle Endgeräte im Empfangsbereich. In den Beacons wird der Netzwerkname, die Liste mit den Übertragungsraten und die Verschlüsselungsart festgehalten.[8]

Bluetooth ist ein Funksystem zur Datenübertragung auf kurzen Distanzen. Den ersten Meilenstein für die Entwicklung dieser Technologie legte die Firma Ericson. Bluetooth ist entwickelt worden, um kurze Kabelverbindungen zwischen verschiedenen Geräten zu ersetzen. Die Bluetooth-Geräte senden im Frequenzblock 2,402 – 2,480 GHz. Bluetooth-Geräte organisieren sich in sogenannten *Piconetzen*. Ein Piconetz umfasst maximal 255 Teilnehmer. Aus diesen dürfen maximal 8 aktiv sein. Ein aktiver Teilnehmer heißt *Master* und die restlichen sieben sind *Slaves*. Die anderen 247 Teilnehmer sind passiv und können jederzeit vom Master aktiviert werden. Die aktuellste Version ist Bluetooth 5.0 und bietet einen reduzierten Stromverbrauch. Damit die Kommunikation zwischen 2 Endgeräten via Bluetooth stattfinden kann, müssen sie sich kennen. Diesen Vorgang des Kennenlernens nennt man *Pairing*.[9]

---

[6] Vgl. Baun, C., (2018), S. 47.
[7] Vgl. Baun, C., (2018), S. 47.
[8] Vgl. Baun, C., (2018), S. 48-49.
[9] Vgl. Baun, C., (2018), S. 60-61.

2.4 Mobilfunk

Unter (zellularen) Mobilfunksystemen werden Funknetze verstanden, die den Fernsprechdienst leistungsgebundener Netze flächendeckend auf mobile Teilnehmer ausdehnen. Teilnehmer, die mobile Endgeräte benutzen, können sich in das Mobilfunksystem einwählen und dort von anderen (mobilen oder festen) Teilnehmern angerufen werden. Zellulare Mobilfunknetze sind zentral organisiert. Das bedeutet, die mobilen Stationen kommunizieren nicht direkt miteinander, sondern sind mit zentralen Funk- und Vermittlungsstationen verbunden. Um Verbindungen zwischen Teilnehmern zu ermöglichen, beinhalten zellulare Mobilfunknetze Vermittlungsfunktionen.[10]

Die Betriebssysteme von Endgeräten unterstützen unterschiedliche Kommunikationsverfahren und Protokolle. Zur Unterscheidung dieser Protokolle werden diese nach Generationen eingeteilt:

- 1G: C-Netz (1986)
- 2G: GSM (1992)
- 2.5G: GPRS (2001)
- 3G: UMTS (2004)
- 4G: LTE (2010)
- 5G: ab 2020, Übertragungsgeschwindigkeit bis 10Gbit/s.[11]

3 ISO-OSI Schichtenmodell

Im Jahre 1984 entwickelte die ISO *(International Standardisation Organisation)* ein umfassendes Modell für die Kommunikation unter Computern, das *OSI-Referenzmodell (Open Systems Interconnection)*. In diesem Modell wird die Kommunikation zwischen Computern in sieben in sich abgeschlossene Schichten aufgeteilt. Jede Schicht kann damit einzeln weiterentwickelt werden, ohne die gesamte Kommunikation zu beeinflussen.[12]

Layer VII	Anwendungsschicht	(Application)
Layer VI	Darstellungsschicht	(Presentation)
Layer V	Kommunikationsschicht	(Session)
Layer IV	Transportschicht	(Transport)
Layer III	Vermittlungsschicht	(Network)
Layer II	Sicherungsschicht	(Data Link)
Layer I	Physikalische Schicht	(Physical)

---

[10] Vgl. Duque-Anton, M., (2013), S. 2.
[11] Vgl. W. Osterhage, W., (2018), S. 64-66.
[12] Vgl. Schreiner, R., (2019), S. 4.

4

Die Schichten eins bis vier sind für den Netzwerker essenziell. Sie sind für die Regelung der Datenübertragung zuständig, wohingegen die Schichten fünf bis sieben anwendungsbezogen sind. In jeder Schicht sind verschiedene Standards implementiert.[13]

3.1 Physikalische Schicht - (Physical)

Die physikalische Schicht ist die erste Schicht des OSI-Modells. Hier sind physikalische Parameter festgelegt. Dazu zählen die Anschlüsse, Kabeltypen, die Streckenlängen, die elektrischen Eckdaten wie Spannungen, Frequenzen etc.[14]

3.2 Sicherungsschicht - (Data Link)

Diese Sicherungsschicht steht auf der physikalischen Schicht und regelt den Ablauf der Übertragung zwischen zwei direkt miteinander verbundenen Stationen. Die Hauptaufgabe der Sicherungsschicht ist die Entdeckung und gegebenfalls die Beseitigung von Übertragungsfehlern. Diese werden durch verschiedene Fehlerkontroll- oder Korrekturmechanismen durchgeführt. Die Sicherungsschicht hat noch die Aufgabe den Zugriff auf dem Übertragungskanal beim Betrieb von mehreren Benutzern zu regeln.

3.2.1 Netzwerkgeräte – (Bridge)

Bridges arbeiten auf der Verbindungsschicht, sie übertragen alle laufenden Protokolle auf dem Ethernet. Dank der Bridges ist es möglich ein überlastetes Netzwerk physikalisch in Segmente aufzuteilen und anschließend kann das Netzwerk logisch wieder zusammengeführt werden. So bleiben alle Störungen, Kollisionen, fehlerhafte Pakete und der Datenverkehr innerhalb des Segments und belasten das andere Segment nicht. Eine Bridge hat die Eigenschaft sich eine Datenbank aller Hostadressen (MAC-Adressen) anzulegen. Mithilfe dieser Daten kann die Bridge entscheiden, ob die empfangenen Datenpakete in ein anderes Netzwerksegment weitergeleitet werden sollen oder nicht.[15]

3.2.2 Netzwerkgeräte – (Switch)

Switch ist ein Gerät zur Verteilung von Datenpaketen. Er verbindet mehrere Hosts in einem Netzwerk miteinander. Ein Switch kann direkte Verbindungen zwischen den angeschlossenen Geräten schalten, sofern ihm die Ports der Datenpaket-Empfänger bekannt sind. Switch-Geräte

---

[13] Vgl. Schreiner, R., (2019), S. 4.
[14] Vgl. Schreiner, R., (2019), S. 4.
[15] Vgl., https://www.elektronik-kompendium.de/sites/net/0901101.htm, Zugriff am 29.09.2019.

sind nichts anderes als ein intelligenter Hub, der sich merkt, über welchen Port welcher Host erreichbar ist.[16]

3.3 Vermittlungsschicht - (Network)

Die *Vermittlungsschicht* ist die dritte Schicht des OSI-Referenzmodells. Eine Aufgabe dieser Schicht ist die Ermittlung des besten Weges auch Routing genannt und die Weiterleitung der Pakete zwischen verschiedenen Netzen. Für diese Zustellung der Datenpakete sind logische Adressen (IP-Adressen) nötig. Das Internet-Protokoll (IP) ist das wichtigste Protokoll in dieser Schicht und stellt die Grundlage der Kommunikation in einem Netzwerk dar. [17]

3.3.1 Internet Protokoll (IP)

Das Internet Protokoll und seine Nebenprotokolle bilden das Rückgrat des Internets. IP ist ein verbindungsloses Protokoll. Verbindungslos bedeutet, dass die IP-Pakete einfach versendet werden können, ohne dass vorher eine Verbindung zum Empfänger oder anderen Zwischenstationen aufgebaut werden muss. Verschiedene Pakete zwischen denselben Sendern und Empfängern können unterschiedliche Wege durch das Netz nehmen. IP kann sich nicht merken, welche Datenpakete wohin transportiert wurden. Dies hat zur Folge, dass ein verlorengegangenes Paket nicht erneut übertragen wird. IP verwendet zur Adressierung 4 Byte lange IP-Adressen, die in dezimaler Notation mit einem Punkt zwischen den einzelnen Bytes dargestellt werden, zum Beispiel 192.167.80.206.[18]

3.3.2 IPv4 und IPv6

Das Protokoll der Version 4 (IPv4) stammt aus dem Jahr 1981. Zum damaligen Zeitpunkt war die Verbreitung des Internets noch in keinster Weise absehbar, aus diesem Grund weist dieses Protokoll einige Defizite auf. Dieses Protokoll ist aus heutiger Sicht zu klein und die Mobilitätsunterstützung unzureichend.[19] IPv4-Adressen sind 32 Bits (4 Bytes) lang. Daher sind 4 Milliarden Adressen darstellbar.[20]

Das IPv6 ist die neuere Version des IP und besteht aus 128 Bits (16 Bytes). Darum ist es möglich über 340 Sextillionen Adressen darzustellen. Ein Beispiel für eine IPv6-Adresse sieht so aus: 2001:0db8:85a3:08d3:1319:8a2e:0370:7344.[21]

---

[16] Vgl., https://www.elektronik-kompendium.de/sites/net/0811021.htm, Zugriff am 29.09.2019.
[17] Vgl. Baun, C., (2018), S. 135.
[18] Vgl. Kappes, M. (2013), S. 114.
[19] Vgl. Kappes, M. (2013), S. 116.
[20] Vgl. Baun, C. (2018), S. 139.
[21] Vgl. Baun, C. (2018), S. 147-148.

Es gibt etliche Gründe für die Einführung des Internetprotokolls der Version 6. Das IPv4 ist in vielen Bereichen veraltet und kann aus diesem Grund die Anforderungen moderner Netzwerke und netzwerkfähiger Applikationen nicht mehr erfüllen. Auch in Sachen Verschlüsselung und Sicherheit hat das Internetprotokoll der Version 6 einige Verbesserungen zu bieten. So unterstützt es IPsec (Internet Protocol Security) direkt innerhalb des IPv6-Standards und ermöglicht damit die unmittelbare Verschlüsselung und Prüfung der Authentizität der Daten.[22]

3.3.3 Netzwerkgeräte – (Router)

Ein *Router* ist für die Weiterleitung der Datenpakete zwischen (Sub)-Netze zuständig. Auf Basis der Routingsprotokolle und Routingstabellen werden die besten geeigneten Routen im Netz festgelegt. Die Router ermöglichen die Verbindung des LANs mit einem Wide Area Network (WAN) z.B über DSL oder Mobilfunk via 3G/4G.[23]

3.4 Transportschicht - (Transport)

Mit den Technologien der ersten drei Schichten können Computer verbunden und Daten ausgetauscht werden. Der Transport von Daten wird der Transportschicht überlassen. Die Transportschicht hat die Aufgabe die Datenpakete zwischen den Endsystemen zu befördern. Die Transportschicht sorgt dafür, dass die Datenpakete sicher und in richtiger Reihenfolge beim Empfänger ankommen.[24] TCP (Transport Control Protocol) und UDP (User Datagram Protocol) sind die wichtigsten und am häufigsten verwendeten Protokolle der Transportschicht.[25]

3.4.1 TCP

TCP bietet einen zuverlässigen und verbindungsorientierten Transport zwischen zwei Endsystemen. TCP baut vor dem Senden von Daten eine Verbindung durch einen sogenannten *Handshake* auf. Nach dem Verbindungsaufbau können Daten in beide Richtungen gesendet werden. Die Datenpakete, die durch TCP übertragen werden, heißen Segmente. Falls *Segmente* durch IP verloren gehen, werden sie von TCP entdeckt und nochmals übertragen. Wenn nach einer bestimmten Zeitspanne keine Bestätigung vom Empfänger vorliegt, dann verschickt der Sender die Daten nochmals. Ist die Datenübertragung beendet, wird die Verbindung abgebaut. Zur Signalisierung bestimmter Ereignisse, wie zum Beispiel der Aufbau und Abbau der TCP-Verbindungen, werden von TCP, *Flags* (ACK, SYN) bereitgestellt.[26]

---

[22] Vgl., https://www.ip-insider.de/was-ist-ipv6-a-642703/, Zugriff am 29.09.2019.
[23] Vgl. Baun, C. (2018), S. 136.
[24] Vgl. Eckert, C., (2013) S. 99.
[25] Vgl. Baun, C. (2018), S. 176.
[26] Vgl. Kappes, M. (2013), S. 120.

Abbildung 1: Aufbau von TCP-Verbindung

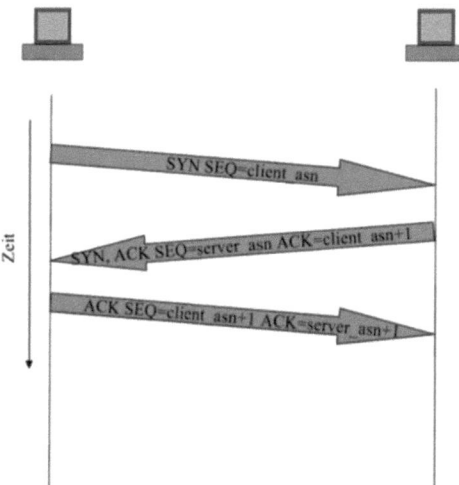

Quelle: Kappes, M. (2013), S. 120.

3.4.2 UDP

UDP ist ein Transportprotokoll für die verbindungslose und ungesicherte Kommunikation. Das bedeutet, dass bei der Übertragung gelegentlich Daten verloren gehen könnten, ohne dass der Verlust Probleme für die Endsysteme verursacht. Zum Zwecke der schnellen Übertragung wurde UDP außer einer Fehlererkennungsfunktion nichts anderes hinzugefügt. Im Gegensatz zu TCP unterscheidet sich UDP wie folgt:

- Es finden keine Empfangsbestätigungen für gesendete Pakete statt.
- UDP-Segmente können jederzeit bei der Übertragung verloren gehen.
- Die eingehenden Pakete werden nicht in der Reihenfolge sortiert.
- UDP stellt keine Fluss- und Staukontrolle der übertragenen Daten zur Verfügung.[27]

3.5 Sitzungsschicht - (Session)

Die *Sitzungsschicht* koordiniert die Kommunikation zwischen zwei Systemen und kümmert sich bei einer auftretenden Unterbrechung der Sitzungen um den Wiederaufbau. Kommt es während der Kommunikation zu einem Problem, wie z.B der Ausfall einer Verbindung in der

---

[27] Vgl. Mandl, P., (2018), S. 95-96.

8

Transportschicht, dann kann während der Sitzung die Übertragung direkt ab dem letzten Synchronisationspunkt fortgesetzt werden, ohne dass eine neue Übertragung starten muss. Diese Neusynchronisation bietet große Vorteile vor allem bei fehleranfälligen und instabilen Verbindungen oder Netzwerken und sorgt für eine stabilere Kommunikation.[28]

3.6 Darstellungsschicht - (Presentation)

Die *Darstellungsschicht* ermöglicht es den verschiedenen Endsystemen, eine gemeinsame Informationsdarstellung zu benutzen, damit sich ihre Anwendungsinstanzen verständigen können. Die Darstellungsschicht enthält Codierungs- und Konvertierungsfunktionen, um unterschiedliche Codierungen über eine Codeumwandlung anzupassen und so eine Übertragung im selben Daten- und Dateiformat zu ermöglichen. Zu dieser Schicht gehören auch Funktionen zur Datenkompression und zur Datenverschlüsselung. Mit einer *Datenkompression* kann die Übertragungszeit für einen Dateitransfer verkürzt werden und mit einer standardisierten *Datenverschlüsselung* können Daten bei ihrer Übertragung gegen unberechtigtes Lesen geschützt werden.[29]

3.7 Anwendungsschicht - (Application)

Die Anwendungsschicht ist die oberste Schicht im OSI-Referenzmodell. Sie repräsentiert die Ebene, auf der Anwendungsprogramme über Programmierschnittstellen mit dem Netzwerk zusammenarbeiten, um Dienste anzufordern. Eines der bekanntesten Anwendungsschicht-Protokolle ist HTTP (Hypertext Transfer Protocol), das die Grundlage des World Wide Web bildet.[30]

3.7.1 Hypertext Transfer Protocol (HTTP)

HTTP wird als zustandsloses Protokoll bezeichnet. Das bedeutet, dass jede HTTP-Nachricht alle nötigen Informationen enthält, um die Nachricht zu verstehen. Die Hauptaufgabe von HTTP ist, Webseiten aus dem World Wide Web in einen Browser zu laden. Für die Kommunikation braucht HTTP ein zuverlässiges Transportprotokoll wie das TCP. Jede HTTP-Nachricht enthält einen Nachrichtenkopf (Header) und einen Nachrichtenkörper (Body). Der *Header* enthält Informationen zu Kodierung, gewünschter Sprache, Browser und Inhaltstyp. Der *Body* enthält den HTML-Quelltext einer Webseite.[31]

---

[28] Vgl. https://www.ip-insider.de/was-ist-layer-5-a-651861/, Zugriff am 01.10.2019.
[29] Vgl. Scherff, J., (2010), S. 82.
[30] Vgl. https://www.ip-insider.de/was-ist-layer-7-a-652499/, Zugriff am 01.10.2019.
[31] Vgl. Baun, C., (2018), S. 208.

3.7.2 Domain Name System (DNS)

Das DNS ist ein Protokoll zur Namensauflösung von Domainnamen zu IP-Adressen. Das Protokoll basiert auf einem hierarchischen Namensraum. Dieser Namensraum erfolgt in sogenannten Domains, die durch Punkte getrennt werden. Die Informationen mit den Zuordnungen sind in separate Teile gegliedert und im gesamten Internet auf Nameservern verteilt.[32] Die Hauptaufgabe von DNS ist die Übersetzung von Hostnamen in IP-Adressen. DNS verfügt über eine dezentrale Organisation, in der die Server für einen Bereich zuständig sind und damit als *Authoritative Server* gelten. Die Server können auch die Informationen anderer Server zwischenspeichern.[33]

4 Maßnahmen für die Sicherheit eines Netzwerks

4.1 Firewall

Firewall ist die Verbindung von Internet und einer firmeninternen oder privaten IT-Infrastruktur. Firewalls sind Programme, die die Aufgabe haben, die Weiterleitung der Datenpakete zu verhindern, die eine mögliche Bedrohung für das Computersystem und ihre Komponenten darstellen. Diese werden durch verschiedene Kontrollen und Filterungen ermöglicht. Die Firewall schützt die IT-Infrastruktur vor bösartigen Angriffen aus dem Internet. Sie wird an einem Übergang zwischen zwei Netzen installiert, um diesen Übergang zu überwachen und gegebenfalls zu reagieren. Alle Daten, die zwischen diesen Netzen ausgetauscht werden, müssen das System durchlaufen und werden entweder durchgelassen oder abgewiesen.[34]

4.2 Virtual Private Network (VPN)

Unter einem privaten virtuellen Netzwerk wird eine Netzinfrastruktur verstanden, bei der Komponenten eines privaten Netzes miteinander über ein öffentliches Medium, wie das Internet, kommunizieren. Mithilfe der VPNs wird die Kommunikation über das Internet sicher, stabil und preisgünstig. Dadurch ist es möglich, Unternehmensnetze weltweit zu verbinden, oder den Mitarbeitern eines Unternehmensnetzes die Möglichkeit zu geben, auf Ressourcen und Daten eines Unternehmensnetzes zuzugreifen. Diese Technologie bietet eine sichere und kostengünstige Anbindung von Unternehmensfilialen an eine Zentrale und ermöglicht den Einsatz des Homeoffices, bei dem die Angestellten von zu Hause aus sich ins Firmennetz einloggen und ihre Arbeit von dort aus erledigen können.[35]

---

[32] Vgl. Baun, C., (2018), S. 199.
[33] Vgl. Wendzel, S., (2018), S. 58-59
[34] Vgl. Poguntke, W., (2007), S. 215-216.
[35] Vgl. Spenneberg, R., (2010), S. 29.

Ein VPN hat die Aufgabe durch die Verwendung einer Tunneltechnik die Sicherheitseigen-schaften, die im privaten Netz gelten, auch im öffentlichen Netz zu gewährleisten. Die Nutzung eines öffentlichen Netzes bleibt für den Benutzer somit völlig transparent. Die Kommunikati-onsverbindung wird für die Benutzer als eine private Verbindung hergestellt. Ein VPN hat da-mit die Aufgabe, die Benutzer des Netzes zu authentifizieren, die Vertraulichkeit der übertra-genen Daten zu garantieren, die erforderlichen Schlüssel zu erzeugen und sie regelmäßig zu erneuern. Auch bei der Kopplung der privaten Adressen an ein öffentliches Netz hat das VPN dafür Sorge zu tragen, dass diese noch privat im Netz bleiben, so dass deren Struktur und Be-deutung für potenzielle Angreifer nicht ersichtlich ist.[36]

VPNs sind u.a. für verteilte Organisationen (z.B global operierende Unternehmen) sehr sinn-voll. Dadurch lassen sich Firmenzentralen und Filialen ortsunabhängig verbinden, die mehrere verschiedene Subnetze nutzen. Hierbei können Standardtechniken und Komponenten eines Wide Area Netzes (WAN) verwendet werden. Die VPNs machen das verteilte Arbeiten über große Entfernungen hinweg unter Nutzung der vorhandenen Telekommunikations- und Daten-kommunikationstechnologie möglich. Auch geschützte entfernte Zugriffe von autorisierten Personen auf ein Unternehmensnetz werden durch VPNs bereitgestellt.[37]

Um einen entfernten Zugriff eines Mitarbeiters von Zuhause oder von unterwegs in einem VPN zu realisieren, muss sowohl auf dem Client- als auch auf dem Serverrechner ein VPN-Modul installiert werden, das sich in den Protokollstack des jeweiligen Betriebssystems integriert und die notwendigen Verschlüsselungs- und Authentifikationsaufgaben durchführt. In der Praxis wird bei der Bereitstellung von VPNs für externe Zugriffe (z.B Homeoffice) ein praktischer, aber aus Sicherheitssicht ein sehr bedenklicher Weg gewählt. Dieser sieht vor, dass für alle Verbindungen der gleiche gemeinsame Schlüssel verwendet wird, der im Client- und Server-modul eingetragen ist. Dieses Verfahren erhöht natürlich die bekannten Angriffsmöglichkeiten des Angreifers, da hier ein Schlüssel in der Regel gar nicht oder sehr selten gewechselt wird, weil ein Schlüsselwechsel den manuellen Eingriff auf allen externen Clients erfordern würde.[38]

Tunneling ist eine Technik, bei der die logische Verbindung zwischen privaten Komponenten über ein anderes Netz hinweg erreicht wird. Durch die Tunelungstechnik wird die

---

[36] Vgl. Eckert, C., (2013), S. 765.
[37] Vgl. Eckert, C., (2013), S. 765-766.
[38] Vgl. Eckert, C., (2013), S. 766.

Netzinfrastruktur zum Transfer von Daten von einem Netzwerk zu einem anderen genutzt. In der Abbildung 2 und 3 werden die Einsatzszenarien von VPNs dargestellt.[39]

Abbildung 2: Site-to-Site VPN

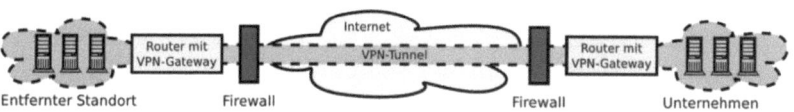

Quelle: Baun, C., (2018), S. 218.

Abbildung 3: Remote Access VPN bzw. End-to-Site VPN

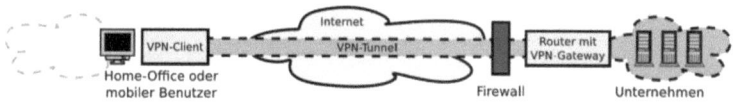

Quelle: Baun, C., (2018), S. 218.

Die Daten, die transportiert werden, sind Frames bzw. Pakete, die durch einen zusätzlichen Header gekapselt werden. In dem Header befinden sich Routinginformationen. Das sind Informationen, die dafür sorgen, dass die gekapselten Daten dem Empfänger am Tunnelende zugestellt werden können. An beiden Enden des Tunnels gibt es jeweils ein Gateway, wo die Daten entpackt werden und nach Notwendigkeit über das private Netz an den eigentlichen Empfänger weitergeleitet. Bekannte Tunnelungsprotokolle der Schicht 2 sind das Point-to-Point-Tunneling Protocol (PPTP) und das Layer 2 Tunneling Protocol (L2TP).[40]

Um die VPN-Verbindungen sicher aufzubauen werden sie auf Basis von IPSec oder von SSL/TLS realisiert.

4.3 IPSec

IPSec definiert eine Sicherheitsarchitektur für das Internetprotokoll IPv4 und IPv6. IPSec spezifiziert Sicherheitsdienste auf der Schicht 3, dies soll einen vertraulichen und authentifizierten Transport von IP-Paketen ermöglichen. IPSec legt eine Reihe von Protokollen fest, die aus den Protokollen für den Schlüsselaustausch (IKE-Protokoll), für den verschlüsselten Datentransfer

---

[39] Vgl. Eckert, C., (2013), S. 767.
[40] Vgl. Eckert, C., (2013), S. 767.

(ESP-Protokoll) und dem Protokoll für einen authentifizierten Datentransfer (AH-Protokoll) besteht. Durch einige kryptografische Verfahren wird in den Spezifikationen des IPSec festgelegt, was jedes IPSec-System anbieten muss, damit eine Interoperation zwischen unterschiedlichen Protokollimplementierungen sichergestellt ist.[41]

IPSec wird in Unternehmensnetze eingesetzt, die aus mehreren einzelnen LANs bestehen und räumlich verteilt (z.B Filialen) und über das Internet angebunden sind. Entsprechende Komponente, die Sicherheitsdienste wie die Verschlüsselung transparent für die Server und sonstigen Rechner im LAN durchführen, sind Router und Firewalls. Immer häufiger wird das IPSec-Protokoll im drahtlosen Nahverkehrsbereich für die sichere Kommunikation verwendet.

4.4 SSL/TLS

Die Netzwerkprotokolle Transport Layer Security (TLS) bzw. der Vorgänger Secure Socket Layer (SSL) kommen zur Sicherung von Daten in der Anwendungsschicht zum Einsatz. TLS und SSL haben die Aufgabe die Authentizität und Vertraulichkeit der übertragenen Daten zu sichern. Mithilfe dieser Protokolle können Tunnel für VPNs realisiert werden.[42]

Der Entwurf von TLS basiert auf TCP als Transportprotokoll. Durch TCP wird sichergestellt, dass der Datenstrom vollständig und in die richtige Reihenfolge vom Sender zum Empfänger übertragen wird. Paketverluste können während der Übertragung von TCP erkannt werden. Im Falle des Verlustes wird eine Übertragungswiederholung ausgelöst, damit die Daten beim Empfänger vollständig übertragen werden. Oberhalb von TCP arbeitet das Record-Layer-Protokoll. Dieses ist für die Segmentverarbeitung, Verschlüsselung und Authentifizierung in TLS zuständig. Auf dem Record-Layer-Protokoll befinden sich noch 4 weitere Protokolle: Application Data, Handshake, Change Cipher Spec und Alert. Das Application-Data-Protocol bildet die Schnittstelle zur Anwendung. Das Handshake-Protokoll übernimmt die Aufgabe der Schlüsselaushandlung beim Verbindungsaufbau. Das ausgehandelte Schlüsselmaterial wird durch das Change-Cipher-Spec-Protokoll aktiviert. Das Alert-Protokoll erzeugt und versendet Status- und Fehlernachrichten, falls es zu einem beliebigen Zeitpunkt zu Problemen kommen sollte.[43]

---

[41] Vgl. Eckert, C., (2013), S. 770.
[42] Vgl. Wendzel, S., (2018), S. 177
[43] Vgl. Bless, R. u.a. (2006), S. 278.

5 Kritische Betrachtung

In dieser Hausarbeit habe ich nur die wichtigsten Protokolle des OSI-Modells behandelt. Hier hätte ich auf jedes Protokoll der jeweiligen Schicht eingehen können, da jedes Protokoll bestimmte Aufgaben im Netz zu erfüllen hat. Dies hätte aber den Rahmen dieser Arbeit gesprengt.

Die E-Mail ist eine der wichtigsten Anwendungen, die in vernetzten Systemen genutzt wird. Hier hätte ich mehr über die wichtigsten Protokolle der Mailübertragung berichtet. Protokolle und Dienste, wie etwa Privacy Enhanced Mail (PEM), Multipurpose Internet Mail Extension Protocol (S/MIME) und Pretty Good Privacy (PGP) stehen für die Sicherheit der Mailkommunikation im Internet.[44]

Im Kapitel „Maßnahmen für die Sicherheit eines Netzwerks" hätte ich die VPN-Anbieter vergleichen können, da jeder Anbieter individuelle Lösungen beispielsweise für den privaten Nutzer oder Unternehmen anbieten kann. Wichtige Merkmale bei der Auswahl von VPN-Systemen sind die Qualität, der Ruf, und der Preis.

---

[44] Vgl. Eckert, C., (2013), S. 813.

6 Fazit

Die Vernetzung der IT-Systeme und deren Komponente hat mit den Möglichkeiten der drahtlosen Kommunikation ein neues Niveau erreicht – sowohl für private Nutzer als auch für Organisationen. Der neue Mobilfunkstandard (5G) wurde bereits durch bekannte Anbieter wie
Telekom und Vodafone auf den Markt gebracht und verspricht viel Bandbreite. Eine Bandbreite, die die Anforderungen an die IT-Infrastruktur erhöht. Die Infrastruktur gerät durch die
hohe Bandbreite der Daten ins Visier von Kriminellen, die immer wieder durch Schadpro-
gramme und Viren versuchen, die vorhandene Infrastruktur lahm zu legen und den Benutzer
mit einem Lösegeld zu erpressen. Erhöhte Sicherheit können an dieser Stelle professionelle
Antivirenprogramme und VPN-Lösungen leisten, allerdings sind diese Systeme für kleine Unternehmen oder für den privaten Benutzer sehr kostenintensiv.

Die Computernetzwerke haben unser Leben geprägt, erleichtert und die Kommunikation zwischen Ländern und Kontinenten schneller und kostengünstiger gemacht. Sie transportieren Daten und Nachrichten und müssen genauso wie die Transporteinrichtungen auf der Schiene,
Straße, auf dem Wasser und in der Luft auf maximales Transportaufkommen und hohe Be-
triebssicherheit ausgelegt werden.

7 Ausblick

Bluetooth ist eine Technologie, die in den letzten Jahren weiterentwickelt wurde. Mittlerweile ist Bluetooth in der Version 5 zu finden und wird in den neuesten Smartphones und Geräten eingebaut. Die Technologie wurde ständig verbessert, indem die Übertragungsrate erhöht, der Stromverbrauch reduziert und die Sicherheit optimiert wurde. Trotz allen diesen Verbesserungen eignet sich Bluetooth für die Übertragung kleiner Entfernungen und Datenmengen. Die Einsatzmöglichkeiten des Bluetooth könnten durch mehr Forschung erweitert werden.

Der neue Mobilfunkstandard 5G soll das „Internet der Dinge" revolutionieren, aber ungeklärt sind die gesundheitlichen Auswirkungen auf den menschlichen Körper, denn die Technologie verwendet höhere Frequenzbereiche von 2 bis 3,7 Gigaherz und erfordert mehrere Sendeantenen, die in Zukunft auch an den Bushaltestellen und an Gebäude montiert werden müssen. Bislang gibt es keine Langzeitstudien für die Untersuchung des 5G, weil die Technologie noch jung ist. Inwiefern sich die anderen Frequenzen und die Strahlungsverteilung durch das 5G auf die menschliche Gesundheit auswirken kann, ist zum jetzigen Zeitpunkt noch unklar, deshalb besteht hier noch Forschungsbedarf.

8 Literaturverzeichnis

Baun, Christian. (2018). *Computernetze kompakt*. 4 Auflage: Springer-Verlag, 2018.

Bless, Roland: - ; Mink, Stefan: - ; Blaß, Erik-Oliver: - ; Conrad, Michael: - ; Hof, Hans-Joachim: - ; Kutzner, Kendy: - ; Schöller, Marcus. (2005). *Sichere Netzwerkkommunikation: Grundlagen, Protokolle und Architekturen*. Berlin, Heidelberg: Springer-Verlag, 2005.

Duque-Antón, Manuel. (2013). *Mobilfunknetze: Grundlagen, Dienste und Protokolle*. 1 Auflage, Wiesbaden: Springer-Verlag, 2013.

Eckert, Claudia. (2014). *IT-Sicherheit: Konzepte - Verfahren - Protokolle*. 9 Auflage, München: Oldenbourg Wissenschaftsverlag GmbH, 2014.

elektronik-kompedium. (2019). *Bridge*. Abgerufen am 29.09.2019 von https://www.elektronik-kompendium.de/sites/net/0901101.htm

elektronik-kompedium. (2019). *Switch*. Abgerufen am 29.09.2019 von https://www.elektronik-kompendium.de/sites/net/0811021.htm

ip-insider. (2018). *Was ist IPv6?* Abgerufen am 29.09.2019 von https://www.ip-insider.de/was-ist-ipv6-a-642703/

ip-insider. (2018). *Was ist Layer 5?* Abgerufen am 01.10.2019 von https://www.ip-insider.de/was-ist-layer-5-a-651861/

ip-insider. (2018). *Was ist Layer 7?* Abgerufen am 01.10.2019 von https://www.ip-insider.de/was-ist-layer-7-a-652499/

Kappes, Martin. (2013). *Netzwerk- und Datensicherheit: Eine praktische Einführung*. 2 Auflage, Wiesbaden: Springer-Verlag, 2013.

Mandl, Peter. (2018). *TCP und UDP Internals: Protokolle und Programmierung*. Wiesbaden: Springer-Verlag, 2018.

Poguntke, Werner. (2007). *Basiswissen IT-Sicherheit: das Wichtigste für den Schutz von Systemen und Daten*. Herdecke: W3l-Verlag, 2007.

Scherff, Jürgen. (2010). *Grundkurs Computernetzwerke: Eine kompakte Einführung in Netzwerk- und Internet-Technologien*. 2 Auflage, Wiesbaden: Springer-Verlag, 2010.

Schreiner, Rüdiger. (2019). *Computernetzwerke: Von den Grundlagen zur Funktion und Anwendung.* 7 Auflage, München: Carl Hanser Verlag GmbH Co KG, 2019.

Spenneberg, Ralf. (2010). *VPN mit Linux: Grundlagen und Anwendung virtueller privater Netzwerke mit Open-Source-Tools.* 2 Auflage, München: Addison-Wesley Verlag, 2010.

vodafone. (2019). *Ethernet: So funktioniert kabelgebundene Datenübertragung.* Abgerufen am 27.09.2019 von https://www.vodafone.de/business/featured/technologie/ethernet-was-ist-das-eigentlich/#keyfact-anchor-1

W. Osterhage, Wolfgang. (2018). *Sicherheitskonzepte in der mobilen Kommunikation: Drahtlose Kommunikation – Protokolle und Gefahren.* Springer-Verlag, 2018.

Wendzel, Steffen. (2018). *IT-Sicherheit für TCP/IP- und IoT-Netzwerke: Grundlagen, Konzepte, Protokolle, Härtung.* Wiesbaden: Springer-Verlag, 2018.

BEI GRIN MACHT SICH IHR WISSEN BEZAHLT

- Wir veröffentlichen Ihre Hausarbeit, Bachelor- und Masterarbeit

- Ihr eigenes eBook und Buch - weltweit in allen wichtigen Shops

- Verdienen Sie an jedem Verkauf

Jetzt bei www.GRIN.com hochladen und kostenlos publizieren